Search

Txt it Like B*ckham

Erase

Dylan Cakebread

CASSELL

Weidenfeld & Nicolson
Wellington House, 125 Strand, London WC2R 0BB

First published 2004

A CIP record for this book is available from the British Library

ISBN 0-304-36798-2
Design by www.carrstudio.co.uk
Printed and bound in Great Britain by Clays Ltd, St Ives plc

www.orionbooks.co.uk

Search

Contents

Search

Introduction

Erase

Ten years ago texting didn't exist. If people wanted to communicate speedily and send important messages like, 'the brie in Sainsbury's is particularly ripe today,' they had to:

a) find two empty tin cans and a really long piece of string.

or

b) hire the Red Arrows to perform a 'fly past' and spell out the message in their jet stream.

or

c) shout extremely loudly.

Frankly it was a pain in the buttycheeks.

However, with the advent of Complex User Network Technology all that changed. The text message arrived, pulling in on the 7.15 from New Invention Land with its bags packed for a long stay.

No one benefited more from this communication innovation than that human sub-genus, 'the celebrity'.

With their fast-lane lifestyles and far-flung travels, the text message was manna from heaven for celebrities. Suddenly they could sack their manager, ask their agent to demand an extra million or get the latest cocaine prices quoted on the Nasdaq at the press of a button or two.

What made it especially appealing to celebs was that, at first, it was all very safe and secure. The messages zipped about like a snitch in Quidditch, undetectable to prying eyes, ears and snouts. For the public though, with their insatiable desire for even the tiniest morsel of celebrity gossip, this discreet mode of communication spelled disaster. The old technology of phone taps, mail interception and theft suddenly became redundant. People were left with nothing to talk about. It was an international disaster. There was a global outcry.

To avoid worldwide anarchy, governments had to move quickly. They instructed their top scientists to stop working on cures for cancer and the human genome project. Instead they were to devote all their energies into finding a way of gaining access to every byte of celebrity information.

To begin with it proved difficult. Naomi Campbell sued. Britney threatened to stop 'singing'. Progress was slow.

Then in early 2004, a breakthrough. A senior Peruvian Government Alchemist mixed Blue Juice with Blue Chip with Blue Wap with Blue Movies and came up with a winning formula he called Yellow Denture Technology. It was immediately put to work on one of the world's biggest celebrities: David B*ckham.

Within moments of implementation, scientists began to get unprecedented access to B*ckham's texts. Soon they had a whole picture of the world's most famous messager: his style, his nuances, his grammar and his spelling mistakes.

Before long they felt compelled to return some of what they'd uncovered to its rightful owners; the public.

People drank greedily at this font of scandalous tittle-tattle. But it was just the tip of the tip of the iceberg. There was, and still are, many of B*ckham's text messages that have never been seen. The scientists have held them back for fear of causing uncontrollable mayhem.

But what right do these bearded white-coated truth assassins have to deny us our daily injection of tabloid fodder?

NONE!

So, wrapped in the flag of public interest I have acquired some highlights of the B*ckham file, ironically using the old-fashioned method of theft. And now for the first time I'm going to release some of the juiciest B*ckham texts from their shackles.

So here they are. You demanded them. I am a mere conduit to this smorgasbord of salacious delicacies.

Go on. Tuck in. Enjoy!

B*cks loves to text his nearest and dearest. But when he can't get hold of G*ggsy or G*ry N he spends hours texting P*sh, Br**klyn, R*meo, his p*rents and his in*laws. Br**klyn and R*meo were both given diamond-encrusted gold leaf mobile phones costing £37 billion on the day they were born and are highly proficient texters, often preferring to text each other than traverse the 3 miles between their bedrooms at Beckingham Palace. P*sh's texting style reveals an excessive use of exclamation marks which textologists think is an attempt to make even the most mundane of things seem exciting and is possibly a hangover from her singing career. As for B*cks, it is clear that all the talent in his feet has left very little for his hands.

✉ MARRIAGE PROPOSAL

DB: **Vee, will u marry me?**

VB: **Serious?!!!!**

DB: **Yeh.**

VB: **U on one knee?!!!!**

DB: **No.**

VB: **No answer till u on one knee!!!!**

DB: **Cant. Big game tmrw.**

VB: **Then no answer!!!!**

DB: **Kay. Hang on min...........Kay. Now on one nee.**

VB: **Promise?!!!!**

DB: **Promise.**

VB: **How I no?!!!**

DB: **Have 2 trust me. That's what marriage all bout.**

VB: **But we not married!!!!**

DB: **But will be if u trust me when I say I'm on 1 nee.**

VB: **But u cd b lying!**

DB: **Lying down? Thought u wanted me neeling?**

VB: **What!!!!!!?**

DB: **May b better to do this when icy u.**

✉ BIRTH OF BROOKLYN

DB: **Baby boy born 4 March £7 8oz. Already signd to N*ke 4 10 mil.**

DAD: **Couldnt u get more.**

DB: **No, did poo n meeting, put them off bit i think.**

DAD: **Who did poo?**

DB: **Baby.**

DAD: **Oh. Shame.**

DB: **Yeh, but sold poopics to Sun for half mil.**

DAD: **Thats my boy.**

✉ CHANGING NAPPY

DB: **Vee, Bee need new nappy.**

VB: **Sort yourself G-Balls, too busy!!!**

VB TURNS PHONE OFF

DB: **Mum, Bee need new nappy.**

MUM: **Sorry, going bingo, cunt help.**

MUM TURNS PHONE OFF

DB: **J*ckie, Bee need new nappy.**

J*CKIE (MUM-IN-LAW): **So buy nappy shop.**

*J*CKIE TURNS PHONE OFF*

DB: **T*ny, Bee need new nappy.**

T*NY (AGENT): **Will get on to Huggies and sort endorsement pronto.**

T*NY TURNS PHONE OFF

DB: **Bee, you need new nappy.**

BB: **Don't. Smell from you. Last night's curry.**

✉ CONCEPTION

DB: **U wake?????**

VB: **Am now!!! You?**

DB: **Yeh. Can I come over your side of bed?**

VB: **No, headache!!!**

DB: **oh go on.**

VB: **No!!!!**

DB: **Oh go on.**

VB: **No!!!!!!!!!!**

DB: **please.**

VB: **No No No No No No Noooooooooooooo!!!!!!!!!!!!!!!!!!**

DB: **I'll buy you a yot.**

VB: **Ok! but make it quick!!!**

DB: **Gr8. C U inna mo.**

THERE IS NO TEXTING BETWEEN
DB AND VB FOR 4 SECONDS

DB: **That was GReight. Good 4 u 2?**

VB: **Oh, you finished?!!!! Throw condom away
and let's go sleep!!!!!**

DB: **Condom?**

✉ ROMANCE

DB: **Luf U.**

VB: **How much??!!!**

DB: **Luf U as much as wot we ernd last year.**

VB: **Is that all!!!???**

DB: **Luf u as much as me, R*naldo, R*ud, R*oney and Br*an Talbot ernd last year.**

VB: **That's still not very much!!!!!!!!!!!**

DB: **Luf u as much as Br*oklyn and R*meo togeffa.**

VB: **Aaaaaah!!!!! I'm just about 2 change R's nappy now.**

DB: **O, is that u Vee?**

VB: **Who did you think it was?!!!**

DB: **G*ggsy.**

✉ SUPPER

DB: **Home in ten. What 4 super?**

VB: **I'm detoxing!! Only got water in!!**

DB: **Wha boys havin?**

VB: **They're detoxing too silly!!!!**

DB: **How bout we have nite off and I get fishchips?**

VB: **Good idea!!!! Make sure no batter! Not too fatty! Organic! Free trade! Free range! Not too oily! Not too fishy!!!! No black bits in chips!!! Not overcooked! Not undercooked! Not too greasy! No salt! No vinegar! No ketchup!!!!!!! Not too chippy!!!!**

DB: **On second thorts, maybe stick 2 water.**

✉ MUMMY'S BOY

DB: **Mum, Ke*no called me a ladyboy.**

MUM: **Why?**

DB: **New hairstyle.**

MUM: **Oh. He got point.**

DB: **And G*ry said he not best friend no more.**

MUM: **Why?**

DB: **Sed I smell.**

MUM: **New aftershave endorsement?**

DB: **Yeh. And G*ggsy sed he better player than me.**

MUM: **Yeah but he Welsh, never play in World cup. Have you told Sir Al*x?**

DB: **Yeh, he say stop being big girl blouse and sed he wd kick notha boot at my eye if I don't stop mowning.**

MUM: **He can talk, he wrote the book on moaning.**

DB: **Yeh, ha, ha. So what to do Mum?**

MUM: **Remember when u at school and got bullied?**

DB: **Yeh, I went to c hed teech.**

MUM: **So ring him.**

DB: **Can't.**

MUM: **Course u can.**

DB: **Really can't.**

MUM: **D*vid, don't b such a ladyboy, just ring.**

DB: **I can't do it!**

MUM: **Why?**

DB: **He died last year.**

Beckingham Palace

Beckingham Palace is neither in Beckingham nor is it actually a palace, yet it is still called Beckingham Palace. This curio typifies a place that is full of wonderment and awe; a contra-Tardis if you like – its massiveness when viewed from the outside conceals a massiveness inside. (And it can't travel through time and space either, though the two ends of the building are in different time zones.) Keeping such a place spick, let alone span, takes some doing, and that's where texting comes in. Whether it be ordering a carpet flymo to trim the shagpile in one of the many sumptuous lounges or telling the boys to come down and have their pictures taken for *Hello!* magazine, without text messaging the place would simply crumble to the ground like an exploding chimney stack.

✉ BURGLAR

VB: **D*vid, where u!!!?**

DB: **In bedroom, u?**

VB: **In bath! Think I can here someone downstairs!!!**

DB: **U sure?**

VB: **Yeh, can't be kidz, they at Mums!! Can u here anything?!!!**

DB: **No carnt, prob nuffin.**

VB: **No, just herd sumfing agen!!! U must of herd it!!!!**

DB: **Didn't, but will go cheque.**

(THERE IS A SHORT BREAK WITH NO TEXTING)

DB: **Bean downstares, no one there, defo.**

VB: **Is!!! He now in bedroom, can hear him going thru drawers!!!!**

DB: **Carnt b, I in bedroom.**

VB: **U going thru drawers?!!!!**

DB: **No.**

VB: **D*vid, where r u!!!!?**

DB: **Told u, in bedroom.**

VB: **Yes, but which bedroom?!?!?!**

DB: **Our bedroom, here in Madrid.**

VB: **Shit!!!!!!!!!!!!**

✉ KEYS

DB: **Vee, u in?**

VB: **No!!!! Out with girls!!!! Y!!!!!????**

DB: **Locked out.**

VB: **Where yr keys!!!?**

DB: **Lost.**

VB: **Spare set under mat by back door!!!**

DB: **Ok, walking their now.**

VB: **Okay!!! Will text u back in two hours!!!**

TWO HOURS LATER

VB: **U by back door yet?!??!**

DB: **Just got they're now, but mat not here.**

VB: **B*lloks, y not????!!!!**

DB: **It's his day off.**

✉ COLOUR SCHEME

VB: **Dee, in lounge 14, not sure about colour!!!!**

DB: **But was own lee painted larst weak.**

VB: **I no, but then white with a hint of black pudding was in!!!! Not now!!!!!!**

DB: **Wot in now??**

VB: **Not sure, but Elt*n just had bedroom done in green with a hint of polluted river effluent!!!!!**

DB: **Nice.**

VB: **But M*dge and G*y did loft conversion in orange with a hint of Satsuma!!!!!!**

DB: **Luvly.**

VB: **And Br*d and J*n got all window panes done in magenta with a hint of white with a hint of black pudding!!!!!!!!!!!!!**

DB: **Icy, it's a tricky dessision. Hang on we haven't got 14 lounges.**

VB: ******!!!! U're right. That wd explain the swimming pool in here!!!!**

✉ BEDTIME

R*MEO: **Mum can u read me bedtime story?**

VB: **Sorry!!!! Busy writing new single!!!**

RB: **That shouldn't take long.**

VB: **Oi!!!! Less a yr cheek young man!!! No pocket money for an hour!!!!!**

RB: **Aw Mum, I down to my last mil.**

VB: **Tuff!! Get Dad to read story!!!!!!**

RB: **Ok, kat slater.**

RB: **Dad, where u at?**

DB: **Wotchin telly lounge 11.**

RB: **Can u com and read me bedtime story?**

DB: **No, don't want 2 miss TV's Naughtiest Blunders 328. But I cn text u a story.**

RB: **Ok then.**

DB: **Ones upon a time there were 3 bares, a Daddy bare, a Mummy bare and a baby bare. They all lived happily together in a howse until 1 day when some hunters broke in and shot them all. The end.**

RB: **Is that it?**

DB: **Yeah, sorry, adverts over, show back on, night night.**

✉ BROTHERLY GLOVES

BR*OKLYN: **I've just bort these boss goalkeeping gloves.**

R*MEO: **Me 2.**

BB: **Are yours Man u?**

RB: **Course not – Arsenal.**

BB: **U little traitor.**

RB: **Sing wen u're winning.**

BB: **Doesn't dad's illustrious history mean anything 2 u?**

RB: **Don't lecture me, good e 2 shoes.**

BB: **OK. Where r u?**

RB: **Kitchen. U?**

BB: **Salad den.**

RB: **Salad den?**

BB: **Yeah, u no, the room next 2 the herbal tea infusion lounge in west wing devoted to making salad.**

RB: **Oh. U up 4 a game in 3rd attic?**

BB: **Gr8. Same goalie as last time?**

RB: **Aw do we have 2?**

BB: **I know, it's not ideal, but Mum does her best. It's the 10 inch heels that **** up her game.**

✉ BILLS, BILLS, BILLS

DB: **Vee, u seen heating bill?**

VB: **No!!!! Y!!!!!**

DB: **It's enormous.**

VB: **Well, it's a big place!!!!!!!**

DB: **But u been on tore 4 larst month.**

VB: **Shit, must of left it on!!!!!!!!**

✉ DECISIONS, DECISIONS

VB: **Dee, shall I get Alpine Fresh or Natural?!!!!?**

DB: **Air freshener?**

VB: **No silly!!!!!!**

DB: **Ferniture polish?**

VB: **No!!!!!!!!!**

DB: **Fabric conditioner?**

VB: **No, no, no, no, no!!!!!**

DB: **Then wot then?**

VB: **Artifical snow for our indoor ski slope of course!!!!!!!!**

Dealing with Foreigners

D*vid B*ckham is an international jetsetter. That means that, unlike national jetsetters who only jet-set within one country, he is constantly going to places where people don't speak English as good as he does. That's where the universal language of text messaging proves invaluable. Unfortunately such a thing doesn't exist, which often leads to communication difficulties, frustration and xenophobia when trying to communicate with those bloody foreigners. As yet there is no way of texting in pigeon English and making the letters really big to imitate shouting, so, even though Mr B is a well-versed polyglot who can say 'butter' in seventeen different, but similar languages, from time to time even he comes unstuck.

✉ JAPAN – WORLD CUP '02

DB: **Sch*lesy, found mobile number for Gaysha girls. Shall I text it?**

SCH*LESY: **Gopher it.**

DB: **Ok kat slater.**

DB: **Hello, can I awder a gaysha girl?**

REPLY: パヂゼヂピィドィ バ ズ グィ爭爭

DB: **Wow, cool. What do I have 2 press 2 get symbols like that on my phone?**

REPLY: パヂゼヂピィドィ バ ズ イ ジ
ピガ アピジィズドガヂピジネ
ゼ爭ィヂドィ

DB: **Em*le, is that u pissin abowt?**

REPLY: パヂゼヂピィドィ バズ ゼヰィヂドィ ヸィヂビィ
ポィ ヂヰ ピィ ピ デル

DB: **It's u R*o in't it?**

REPLY: パヂゼヂピィドィ バズ グ ギ ジ イ ゾヂピガ
ガヂィ ボアゾグ

DB: **Fine, 2 can play at that game. ◇ÓÓÓÈÈË
ÁÔIₗÁÏÊÊÍ‰ÎÂÍ ÅÆÆ""ÆÆ''╫ °°°'''±±——╫╫
fifififififififififi»»»»»™™™™™ ™™™™™«««««///////ŒŒ
ŒŒÍÍÍÍÂÅ◇◇◇◇◇ ◇◇------◡◡◡◡◡ @@@@.**

REPLY: 🕺

DB: **Wow, that's a great one. U gotta tell me
how u did it?**

DB: **Hello? Hello? R u there?**

✉ MONEY DOESN'T TALK

DB: **Vee, help. In hotel room in Madrid. Got know cash on me. Can't tip maid.**

VB: **Oh D*vid!!!!!! Look it's probably almost the same in Spanish!!! Try saying no-os cashos!!!!!!**

DB: **No good, she doesn't unnerstan, look in at me like I mad.**

VB: **May b try other way round!!!! Cashos no-os!!!!**

DB: **Still no good, I think she now very scared.**

VB: **How bowt showing her your empty trouser pockets!!!!!!**

DB: **Gr8 ideer u jeanius xxx.**

DB: ****, she ******* terrified now. Pulled out pockets and condom fell out.

VB: ******** and she just tidied as well!!!!! Hang on, y u got condom???!!!!!

DB: 2 remind me of u.

VB: What u mean?!!??

DB: It's used.

✉ Spanish Lessons

In an attempt to learn the language of his newly adopted country D*vid purchased *Teach Yourself Spanish By Text Message*.

EL PROFESOR: **Read and send back. Hola señor.**

DB: **Read and send back. Hola señor.**

EL PROFESOR: **¿Cómo estás? Estoy muy bien.**

DB: **¿Como what mate?**

EL PROFESOR: **No señor, ¿cómo estás? Estoy muy bien. Read and send back.**

DB: **Oh. No senor, como estas? Estoy muy bien. Read and send back. Who's Esta by the way?**

EL PROFESOR: **Mi nombre es el profesor. ¿Que es tu nombre?**

DB: **Hang on, got anutha call cumin in.**

EL PROFESOR: **Mi nombre el profesor. ¿Que es tu nombre?**

DB: **Look, give us a mo, I got R*berto C*rlos on the line, he wants 2 talk about banana kicks.**

EL PROFESOR: **¿Tu nombre es R*berto C*rlos?**

DB: **Yeh, R*berto C*rlos.**

EL PROFESOR: **So why we sending bill to D*vid B*ckham?**

📧 STUDENT TURNS TEACHER

R*NALDO: **David, I have needing your help.**

DB: **No problemo. What can I do 4 u?**

R*NALDO: **Problemo? Is the pluperfect yes?**

DB: **Yep like righto and Julio, as in Inglesias. So wot u want?**

R*NALDO: **Every night I reading something in English, 2 help my learn yes?**

DB: **That's good. I should do the same.**

R*NALDO: **But you English very good.**

DB: **I ment in Spanish.**

R*NALDO: **Oh si si. So anyways, yesterday night I reading and there is word I no understand.**

DB: **Carnt u look it up in dicshunary?**

R*NALDO: **It not in dicshunary.**

DB: **That's odd. What is word?**

R*NALDO: **Felching.**

DB: **Felching? What u reading?**

R*NALDO: **Is book about Marquis de Sade.**

DB: **Oh she's great, I loved Diamond Life.**

R*NALDO: **So what it mean?**

DB: **It's a bit like kissing, a speshul sort of kiss.**

R*NALDO: **Ok thank u D*vid.**

SOME TIME LATER

R*NALDO: **D*vid, u sure u tell me right meaning of word.**

DB: **Yeh, y?**

R*NALDO: **I just met English girl in club and ask if I can felch her. She not very happy.**

✉ DO YOU KEN?

VB: **Dee, where u???!!?**

DB: **In taxi in Madrid.**

VB: **Where u goin!?????!**

DB: **Trying 2 get 2 party but lost.**

VB: **Doesn't driver know where 2 go?!!!?!!?!!**

DB: **Don't know. He don't speak Inglish.**

VB: **Anyone else with u?!!!??!!?!**

DB: **Yes.**

VB: **Does he no where u r?!!!?!!!?!!**

DB: **Don't no.**

VB: **Why don't u ask him?!!?!??!!**

DB: **He no speak Inglish either.**

VB: **He Spanish 2?!?!?!**

DB: **No, he Kenny D*lglish.**

✉ HOLIDAY

J*CKIE (VB MUM): **Hello u having a good holiday?!!!???**

VB: **Not bad!!!!!**

J*CKIE: **Only not bad?!!!! U staying in top hotel in California, what the problem?!!?!? Food no good????!!!**

VB: **No!!! Food gr8, wether gr8!!!! Got langwige problem!!!!!!**

J*CKIE: **Landwich problem???!!!! But u in US???!!!!**

VB: **Yeh, but yes terday frend of Dee's wanted cigarette!!!!! So Dee ask bloke sunbathing next 2 us 4 1!!!!**

J*CKIE: **So!!!!!!??????!!!!**

VB: **He ask if he could bum a fag!!!!!!**

J*CKIE: **Oh!!!!!! He b in hospital long???!!!!**

VB: **Only nother 3 weeks!!!!!!!!!**

Love & Sex

In the modern world, people no longer need to rely on *Jane Eyre* (no pictures) and *The Joy of Sex* (good pictures, particularly of armpit hair) to learn about the topics of Love and Sex. And text messaging has been at the forefront of this information revolution. Want to know about anything of an amorous nature? Well you're only a couple of buttons away from securing a fascinating (and sometimes unnecessarily detailed) answer. D*vid B*ckham has made the most of text messaging in this field. He has used texts to convey his love. He has used texts to declare his passion. And he has used texts to clarify certain confusions fed to him by misinformed acolytes. We have much to learn from him. If only we could all learn to find the 'on' buttons for our mobile phones.

✉ LOVE LESSON

VB: **What hv u been telling D*vid?**

AL*X FER*USON: **Wot u mean?**

VB: **U no bout lv mking**

AF: **O that.**

VB: **Ys that. I asked u 2 gve him a basic chat bout wot 2 do wen in bd with a woman.**

AF: **I did.**

VB: **So y is he running round the hous passing the ball 2 2 cardboard cut out strikers he's placed 10 yards in front of him?**

AF: **I think he misunderstood me.**

VB: **In what way?**

AF: **I told him 2 play in the hole.**

✉ ORGY

DB: (round robin text to everyone in his phone book)
I love and want to ✱✱✱✱ u all!!!!

✉ QUICKIE

DB: **Vee, on way home, fancy a qwikkie?**

VB: **Not tonite Dee, headache!!!!!**

DB: **U all ways say that. Cum on, b fun, bean ages.**

VB: **But I want 2 go 2 bed!!!!!!!!**

DB: **Don't worry, will b quick.**

VB: **U sure???!!!**

DB: **Very. Got to get back for second half.**

✉ SEX MULTIPLES

DB: **u no sex btwn 2 peepul is clld sex.**

G*RY N*VILLE: **Yeah?**

DB: **Well wots sex btwn 3 peepul clld?**

GN: **A 3 some.**

DB: **And betwn 4?**

GN: **A 4some.**

DB: **Btwn 5?**

GN: **A 5some.**

DB: **Btwn 6?**

GN: **Don't b so disgusting.**

✉ DO YOU LOVE ME?

DB: Hi Vee, got a question 4 ya.

VB: Where r u?!?!

DB: I'm in dressin room. Fer*ie's doin his nut.

VB: Is it tactics agen?!?!

DB: No, much more serious.

VB: Is it hairstyle?!?!!

DB: No. Even more serious.

VB: Is it your blister?!!?

DB: No!!! Not as serious as blister.

VB: Wot then?

DB: **U no u once sed there r many different ways 2 show u luv sumone.**

VB: **Yeah.**

DB: **Is kickin a football boot at sumone's head 1 of those ways?**

✉ TRUE LOVE

DB: I were ship the grownd u walk on.

VB: More!!! More!!!!

DB: Yr skin is like ice dipped in ivory and coated with marble.

VB: Ooh, I love it!!!!!

DB: I would crawl a million miles through stinging nettles and browken glarse just 2 touch 1 of yr hairs.

VB: Go on!!!!

DB: I want 2 bottle the air u breathe and keep it with me all the time to remind me of u.

VB: Yes!!! Yes!!!! Hey that's not bad idea, we could make a fortune. I'm going to ring manager!!!! Kat slater xxx

✉ THE BIRDS AND THE BEES

BR*OKLYN: **Dad, me and R*meo want to know where babies cum from?**

DB: **Aks yr Mother.**

BB: **I did. She said to ask u.**

DB: **Did she? Well, babies come from there Mum's tummies.**

BB: **Really! Wow! But how they get in there?**

DB: **It like game of football. Daddy shoots speshul ball in to Mum's goal.**

BB: **Really? Then u must b terrible shot.**

DB: **Y?**

BB: **Cos there's only two of us and I heard u playing 6 times last week.**

Companies queue up to get Dav*d Beck*am's endorsement. His face or signature attached to an item is worth millions of pounds/dollars/euros/yen/zlotys. Organisations write to him, phone him, but most of all text him.

Each day he literally gets tens of millions of texts from companies seeking his approval. Since he personally reads every single message, it's astonishing that he ever has time to get his hair cut, let alone deliver a quality cross. (Though he did recently receive a message from a company that reads text messages on behalf of celebrities. If he agrees to be the face of that company, or indeed the nose or big toe, they will probably provide the service for him, thus giving him far more time to do other things, like listen to his voicemail.)

If a text message really tickles his fancy, he'll let his management team know and the entire B*ckham infrastructure will move in to action, letting nothing get in their way as they negotiate a deal and often causing minor earth tremors in areas where a fault exists. If a message doesn't impress, he ignores it, but still keeps it in his 'stored messages' folder, in case he changes his mind at a later date.

✉ MULTIPLE CHOICE

DB: **Aunt are lives gr8 Vee?**

VB: **Yeah!!!! I love all the flash hotels we get to stay in!!!!!!**

DB: **Yeh, and never havin to buy shoes.**

VB: **Wot else??!!!**

DB: **Neva havin 2 pay in restrants.**

VB: **And don't forget all the free travel!!!!!!!**

DB: **And our beautiful howse.**

VB: **Yeh, and the cash mount tain locked in our safe!!!!**

DB: **We hv the perfect life. There's just 1 thing.**

VB: **Wot's that?!!??!?!!**

DB: **I wish I didn't hv to play that game wear I kick a ball about with those other 10 guys.**

✉ WHAT'S IN A NAME?

DB: **We need to change our names.**

VB: **Sorry????????**

DB: **Our names. If I change mine to D*vid P*psi & u change yrs 2 V*ctoria M*cdonalds they sed they'll pay us millions.**

VB: **Absolutely no way!!!!!! No ******* way!!!!!!!**

DB: **Gosh didn't no u felt so strongly bout it.**

VB: **I don't!!!!!! Its just I've already changed my name to V*ctoira B*rger King!!!!!!!**

✉ KEEP IT FRESH

DB: **Just got asked to endorse a new vegetable.**

VB: **Wot r u on about???!**

DB: **Some company crossed a carrot with a leek & made a 'Careek'.**

VB: **Wot do they wont u2 do????? An ad!!??? Or cross-media???!!??**

DB: **No they want to put my visage on the front of each 1.**

VB: **On each veg???!**

DB: **Yeah.**

VB: **How do they do tht?!!!!!!!??**

DB: **Dunno, but it's worth a few bob.**

VB: **So go 4 it!!!!!!**

DB: **One prob.**

VB: **Yeah????!**

DB: **Another company have crossed an avocado with a tomato & called it an 'Avomato'. They also wont me on veg. Both companies will only go with me if I don't do the other 1. They won't stand 4 another veg endorsement.**

VB: **Thts bolox!!!!!! Careek is a veg!!!!! Gromato is half veg, half fruit!!!!! Remember tomato is teknicly a fruit!!!!!**

DB: **Nice one.**

VB: **Ther u r!!!! Sorted!!!!!!**

DB: **Not quite. Another company have crossed a broad bean with an onion and called it a 'Bronion'. Wot do u reckon?**

VB: **Don't b ridiculous!!!!!!!!!!**

✉ BOTTLE IT

AGENT: **New idea to pass by u.**

DB: **yeah?**

A: **Bottling ur urine.**

DB: **U joking?**

A: **No! They wnt 2 cll it B*cks Pissaro.**

DB: **Weird.**

A: **Think of it as eco-friendly recycling.**

DB: **See wot u mean. Hoos go in 2 by it?**

A: **Dunno, pissheads probably. Shall I set ball rllong?**

DB: **Ok. Wot do I need to do?**

A: **V. little.**

DB: **Like wot?**

A: **Piss every ten minutes, every day for 6 months.**

✉ SETTING OUT

VB: **Lets go shoppin!!!!! Meet u in the foyer in 10!!!!!**

DB: **Need more time.**

VB: **Y???????**

DB: **Need to get all my sponsors gear on.**

VB: **How long duz that take???!!!??**

DB: **Dunno. Two hours may b.**

VB: **Ok!!! How bout c u by the pool in 10???!!!**

DB: **No can do.**

VB: **Y?!!!!!!!!!!?**

DB: **Need to get on all of my swimwear sponsors gear on.**

VB: **How long will that take???!!**

DB: **Hour an an arf.**

VB: *****!!!! How bout u just come 2 bed in 10????!!**

DB: **Carnt.**

VB: ********* *****!!!!!! Wot now??????**

DB: **Just signed deal wiv Pl*yboy. Fluffer needs at least arf hour 2 get me reddy.**

✉ SANDWICHED

DB: **Just been approached by poss new sunglasses sponsor.**

VB: **Gr8!!!!!! Wot do thy want u 2 do – fashun shoot??????!?**

DB: **No.**

VB: **Wot then?!!!??! Opening a shoppin mall!!!?!?**

DB: **No.**

VB: **Alright then, do a sponsored run wearing only the sunglasses????!!!**

DB: **No. They want me to wear a sandwich board advertising glasses every time I play football.**

VB: ****** that wood interfear with ur game
wooden it???!!!!**

DB: **Not really but it would ruffle my shirt so I
told them no.**

The B*ckhams have a symbiotic relationship with the media. Each nourishes the other. If the Becks's want a little coverage to promote a new shower cap they're endorsing, they can count on the good ladies and gentlemen of the press to provide it. And conversely, if the good ladies and gentlemen of the press need a scoop to sell more papers, D*vid is willing to wear anything ending in the letters -ong to help them out (sarong, thong, mah-jong). On top of that D*vid will regularly send snippets of gossip from his star-studded world to favoured hacks, leaving the rest of them to simply make it up. All in all it is a mini-world in perfect harmony, whose wheels never clog thanks to the oil that is text messaging.

✉ EXCLUSIVE

HARRY HACK: **D*vid, got anyfing 4 me, deadline loomin and editor fumin.**

DB: **R*naldo's by sexshul.**

HH: **Nah, no one interested.**

DB: **Z*dane used to be woman.**

HH: **No good, sorry.**

DB: **S*en G*rn Err*kson is c ing Br*tney Sp*ears on the side.**

HH: **Not right. I need sumfin really juicy.**

DB: **I just bort pack of crisps.**

HH: **Wot flavour?**

DB: **Reddy salted.**

HH: **Brilliant. Thanks mate.**

✉ TELLY

VB: **Dee, me, I really ****** off!!!!!!**

DB: **Y baby?**

VB: **My career dead, I a has been!!!! D list!!!!**

DB: **Don't b silly, y u say that?**

VB: **I just been aksed to appear on tv show!!!!!**

DB: **But that's gr8.**

VB: **No it ain't, the show is I'm a celebrity get me out of here!!!!!!!**

✉ PROMOTION

AGENT: **D*vid, got u on all top shows to promote new book.**

DB: **Like wot?**

AGENT: **P*rky, D*ck & J*dy, GMTV, W*ssy.**

DB: **Do they all no they carnt aks me about u no wot?**

AGENT: **Yeh, anyfing but u no wot.**

DB: **And they carnt aks me about the other u no wot eeva.**

AGENT: **yeh, they happy not to ask u about other u no wot 2.**

DB: And they really mustn't aks me about that other other thing.

AGENT: Don't worry. They all agreed not to aks u about u no wot, the other u no wot and that other other thing.

DB: U legend. Just 1 fing. I carnt remember wot the u no wot, the other u no wot and the other other thing are.

AGENT: Gr8, then they carn't ask u about them can they?

DB: That's true. Brilliant. Kat slater.

✉ GOING OUT

BR*OKLYN: **Dad y is it that every time we go out loads of people try and take our picture?**

DB: **Coz peepul v.intrestd in us.**

BB: **Y? U not v.interesting & neither is Mum.**

DB: **Troo, but we got intrestin jobs.**

BB: **So what do they do with the pictures they take?**

DB: **they cell them to papers.**

BB: **Sell them? For money?**

DB: **Lots of money.**

BB: **Really? Wow. Nice texting u Dad. Kat slater.**

DB: **Kat slater xxx**

BB: **Mum, where u keep the family photo album?**

✉ BENDER

AGENT: **D*vid, have u heard the gr8 news?**

DB: **No. Wot?**

AGENT: **They're bringing out a sequel to Bend it like B*ckham.**

DB: **Fanny tastic. Wot's it gonna b called?**

AGENT: **Bend it like B*ckham 2.**

DB: **That's a rubbish title, they shd call it Pirates of the Caribbean 2.**

✉ LOOKIN' GOOD

DB: **Vee, u still at home?**

VB: **Yeh, Y???!!!**

DB: **Don't think this shirt is right 4 interview. Can u send blue 1?**

VB: **No prob!!!!**

DB: **And can I get the tie wot goes wiv it?**

VB: **Corrs baby!!!!**

DB: **Acshully, better put those new shoes in 2, they look better with tie.**

VB: **Okey dokey!!!!!!**

DB: **And praps the sunglasses I bort on holyday.**

VB: **U got it!!!!! Just 1 thing babe!!!!!**

DB: **Wot?**

VB: **Don't u think u're be in a bit new rotic???!!!**

DB: **Y?**

VB: **It's a radio interview!!!!!!!!!!!!**

Footballers love to text each other. And David B*ckham is a footballer. Therefore, logically, syllogistically and bleeding obviously, B*ckham loves to text his footballer mates. Be it on the pitch, off the pitch or with one foot on and one foot off the pitch they're at it almost non-stop. It's an extension of that dressing-room banter we hear so much about, the hilarious jokes and japes that inevitably occur when testosterone-fuelled young men gather together in an enclosed space. B*ckham's speciality is texting the opposing team's goalkeeper to inform him that his Mother's died, just as he's about to take a free kick. It tends to throw the keeper and give B*cks that all-important psychological edge.

It might sound cruel, but in the players' bar after the game they all have a good laugh about it, unless of course, coincidentally, the keeper's Mother has actually died.

✖ ARGENTINA '98

REF: **Off!**

DB: **Know fucken way. Y?**

REF: **Kicked him.**

DB: **Didn't. Flicked him.**

REF: **Flick, kick, it's the same thing. Now go, early bath.**

DB: **Wud it help if eye cry like G*zza?**

REF: **No.**

DB: **Showed u my ...?**

REF: **No.**

DB: **I was only going to say tat2. You want money?**

REF: **NO!!!!!**

DB: **Ok, ok, I'm go in. Still frends?**

REF: **Bestest friends.**

DB: **Love u xxx**

✉ FOOTY TALK

R*NALDO: **Square!**

SCH*LESY: **Man on!**

B*TT: **Give an' go.**

V*N N*STLEROY: **Back door!**

KE*NO: **G*ggsy wants.**

DB: **Twist 'n shout!**

SCH*LESY: **Twist 'n shout? Wot's that mean?**

DB: **It meens burn 'n truck.**

KE*NO: **Burn and truck? That's not rite either.**

DB: **Loft conversion?**

V*N N*STLEROY: **Nope, bolloks.**

DB: **Waste disposal unit? Go 'n give?**

SCH*LESY: **Codswallop. U better go home and lern footy xpressions.**

DB: **Yeh, u write, kat slater.**

KE*NO: **He gone?**

B*TT: **Yeah.**

KE*NO: **Gr8. Slap 'n tickle!**

SCH*LESY: **Side entrance!**

V*N N*STLEROY: **Hermaphrodite in!**

R*NALDO: **Oblong!**

✉ POST MATCH INTERVIEW (SHORT)

INTERVIEWER: **Good result.**

DB: **Yeh, lads dun well.**

INTERVIEWER: **Pleased with your performance?**

DB: **Yeh, fitness good, enjoying my game.**

INTERVIEWER: **Arsenal next.**

DB: **Yeh, tuff one, they very good.**

✉ POST MATCH INTERVIEW (IN-DEPTH)

INTERVIEWER: **Good result.**

DB: **Yeh, lads dun well.**

INTERVIEWER: **Pleased with your performance?**

DB: **Yeh, fitness good, enjoying my game.**

INTERVIEWER: **Arsenal next.**

DB: **Yeh, tuff one, they very good.**

INTERVIEWER: **Can u win it?**

DB: **Yes.**

✉ TOILET

SIR AL*X: **Where u?**

DB: **Toy let.**

SIR AL*X: **What doing?**

DB: **Wot u think?**

SIR AL*X: **Number 1 or number 2?**

DB: **1**

SIR AL*X: **Well hurry up.**

DB: **Problem.**

SIR AL*X: **Wot now?**

DB: **Ment 2 wee in bottl.**

SIR AL*X: **Random drugs test?**

DB: **Yes.**

SIR AL*X: **So, wot problem?**

DB: **Bottl small, wee missed.**

SIR AL*X: **All of it?**

DB: **Evry larst drop. Now carnt go.**

SIR AL*X: **Anyone else in lav with u?**

DB: **Yeh.**

SIR AL*X: **Well get him to fill bottle up 4 u.**

DB: **Not good eye deer.**

SIR AL*X: **Y?**

DB: **It's Mark B*snich.**

✉ TRANSFER

DB: **How transfer negoshee, negoshi, negowst....deal go in?**

T*NY (AGENT): **Good, should b sorted soon.**

DB: **Gr8, carnt weight 2 get 2 Barcelona.**

T*NY: **Not going 2 Barce.**

DB: **But papers sed I definitely wasn't go in to Barce, so I assumed I was.**

T*NY: **Sometimes they get it right.**

DB: **They also sed I defo not go in to Madrid.**

T*NY: **But most of the time they get it wrong.**

DB: **So I am go in to Madrid.**

T*NY: **Maybe.**

DB: **Carnt u tell me?**

T*NY: **No, sorry, top secret, boss won't let me.**

DB: **Rn't I boss?**

T*NY: **Ha ha, nice one.**

DB: **So hoo boss?**

T*NY: **U know, the one who makes all the decisions.**

DB: **Gotcha, I'll call V*ctoria now. Later.**

✉ NEW FRONTIER

ZID*NE: **U the new boy?**

DB: **Yeh.**

ZID*NE: **Well I'm the daddy here. Ok?**

DB: **Ok.**

Z*DANE: **U stay on right side of me, you get on fine.**

DB: **Wot if manager wantz me 2 play on left?**

Z*DANE: **Don't be clever.**

DB: **I'm not.**

Z*DANE: **Better not b cos u rub me up wrong way and u get on not so well.**

DB: **Ok I stay on right side and not rub u up – no problem. I can defo do that.**

Z*DANE: **How so sure?**

DB: **Very used to it, just like sleepin in dubble bed with V*ctoria.**

✉ PLAYING BY THE RULES

DB: **Vee, need yr help agen.**

VB: **Not again!!!!!!**

DB: **Yeh, sorry.**

VB: **But we been over it so many times!!!!**

DB: **I no, but knew team now, want 2 b shore.**

VB: **Ok, but last time!!! You offside if, when ball kicked 2 u, u BEHIND last defender!!!!!**

Celebrities tend to mix with other celebrities. They go to the same VIP bars, themed cafés and fish markets. Unsure about what to wear at Crufts? Text it. Uncertain about what time to arrive at the Rupert Bear annual book launch? Text it. Unconfident about your grasp of the Cyrillic alphabet? Text it.

Texting provides a cheap and quick way for celebrities to contact each other. And it has another crucial advantage. The process totally circumvents the need to involve any 'plebs' in the process.

And D*vid B*ckham is the king of celebrity texting. Despite his überfame, he is still excited by meeting other famous people. Friendships have been made and broken by his flying textual fingers.

A quick message in a restaurant can ascertain whether or not he is welcome at another megastar's table or if he should stick to his hors d'oeuvre.

✉ STAR SPOT

BROOK*YN: **Isn't that B*ll Clint*n over there?**

VB: **B*ll hoo?!!!!!**

BB: **U no. B*ll Clint*n.**

VB: **Never hurd of him!!!!!**

BB: **Yeah you have.**

VB: **Haven't but imprest u have!!!!**

BB: **U no I like to keep up with stuff.**

VB: **Cleva boy!!!!! Tell me what u no bout him!!!!!**

BB: **Originally Governor of Arkansas, he's the former President of the USA, who was humiliated for his relationship with White House intern, Moni*a L*winsky.**

NO TEXT TRAFFIC FOR 30 SECONDS

VB: **Alright, no 1 likes a Smartarse Brook*yn!!!!**

✉ SHARE PRICE

VB: **Just checked mi price on Celebdaq!!!!!!!**

DB: **Hows ur stck?**

VB: **I wnt up 20 pnts last nite!!!!!!!**

DB: **How come?**

VB: **Cos of my cameo on emmerd*le!!!!!!**

DB: **Gd 1.**

VB: ******, a text has jst com in!!!!!**

DB: **Saying wot?**

VB: **Saying my stck's just gone down 30 pnts!!!!!**

DB: **Y?**

VB: **Cos of my cameo on emmerd*le!!!!!!**

✉ THE CELEBRITY GAME

VB: **Got a game!!!!!**

DB: **Wot?**

VB: **Who's mor famous!!!!! Me or u?!!!!!?**

DB: **Silly game.**

VB: **Go on!!!!! Play!!!!!**

DB: **No. Don't want 2.**

VB: **Don't b a wt blankt!!!!!**

DB: **Don't want 2 compare. Both of us r famous.**

VB: **Ok!!!! How bout in 20 yrs time?!!!!??**

DB: **Wot? Who'll b mr famous in 20 yrs?**

VB: **Yeah!!!!!**

DB: **Dunno.**

B*OOKLYN: **Me.**

DB: **How do u work that 1 out?**

BB: **I already mor famous than u 2.**

VB: **But we in the papers the hole time!!!!!!!**

BB: **Only 4 those staged shows of unity.**

DB: **I can't beleeve u saw threw all of thm. U r only 5.**

BB: **Course I saw thru them, tabloid readers only hv a mental age of 3.**

✉ FAN CLUB

VB: **Dee problem!!!!!**

DB: **Wots up.**

VB: **A woman has just clocked me!!!!!**

DB: **R u sure? Wot about your four false noses and six wigs.**

VB: **She's seen through it all!!!!!**

DB: **Just ignore her.**

VB: **Can't. She's coming 2wards me!!!!!**

DB: **Forget bout her.**

VB: **I can't!!!!!! She's nearly here!!!!!! I'm just going to give her my autograph to get rid of her!!!!!!**

20 SECONDS LATER

DB: **How did it go?**

VB: **She took autograph!!!!!**

DB: **Gud. Hppy now?**

VB: **No!!!!! She sed I wuz her favourite newsreader!!!!!!**

✉ AVOID THEM

DB: **E*ton, where r u? I'm still trying to get in 2 the club without paparazi c ing me.**

EJ: **Playin same game. I'm in the underground car park hiding behind a bollard. Wot bout u?**

DB: **I'm hanging from a sash window on 11th floor. V*ctoria's sister acted as a decoy by jumpin off roof.**

EJ: **She ok?**

DB: **Yeah, just a few broken ribs.**

EJ: **C u in side.**

DB: **Probly not.**

EJ: **Y?**

DB: My shirt is cort on a long spike + Im dangling in the air.

EJ: Wheres V*ctoria?

DB: She wnt 2 get help.

EJ: How long ago.

DB: Bout 25 mins.

EJ: Oh.

DB: Wots up?

EJ: I saw her 25 mins ago.

DB: Was she getting help?

EJ: Yeah.

DB: Gr8.

EJ: **Not so Gr8. She was being helped in to a car going to anuther party on the other side of town.**

Fashion & Shopping

Shopping was invented for the B*ckhams. Clothes just seem to hang off them like a chandelier hangs off whatever the thing chandeliers hang off is called. Fashion designers coo around them, seamstresses cluck next to them, and linen folders hum in their mere presence. D*vid and V*ctoria both make superb fashion icons. And texts play a vital role in this part of their lives. From changing room to catwalk, they can keep in contact continuously, checking on levels of body odour, sweat and glitter glue. They use the technology so well that they're totally attuned to what's 'in' before it's even got there. And texting helps their legendary spending sprees. They can pre-order, post-order, and pan-order any item/s they want, by simply texting a boutique manager and asking for said item/s to be put aside. Their spending sprees are legendary and they specialise in heavy-duty bouts of impulse buying. The individually tailored and numbered gum shields (gum shield 1 + gum shield 2) David bought in Gothenburg cost a reported £57 million.

✉ CLOSURE

DB: **Where are u?**

VB: **Kensington!!!!!**

DB: **What u doing there? Natural history museum? Science museum? Open air opera?**

VB: **No silly!!!!!! Need to buy the new luis Vutton flip flops with the caramel centre!!!!**

DB: **They sound gr8.**

VB: **They r but there's 1 problem!!!!!**

DB: **What? R u being mobbed by screaming fans?**

VB: **No nufin like that!!!!! They've closed the store!!!!!**

DB: **Nice 1. It'll give u some privacy.**

VB: **Yes, but possibly 2 much!!!!!**

DB: **Wot do u mean?**

VB: **The staff have all ****** off home & left me locked inside!!!!!!!!!**

✉ MILAN

DB: **Just been asked 2 do Milan catwalk show next yr.**

VB: **Modelling what?!?!?!?!?!**

DB: **These new a*idas elbow patches.**

VB: **I hope u said no D*vid!!!!!! We've got standards!!!!! Elbow patches r 4 teachers!!!!!**

DB: **They asked for u as well.**

VB: **Wot 4???!!?!?!**

DB: **Pipe and slippers.**

VB: **No way!!!!!!! They'll probably want us in some sort of cheesy staff-room replica!!!!!!**

DB: **They're offering 2 mil.**

VB: **I've always said teachers are the new supermodels!!!!!!!!!!**

✉ MANAGEMENT

VB: **Problem!!!!!**

DB: **Wot?**

VB: **I just asked 4 manager in huge Prada store!!!!! Service was ****!!!!!**

DB: **And?**

VB: **They said I was manager!!!!!!**

DB: **Wot?**

VB: **I bort store 3 yrs ago!!!!!!**

DB: **So complain 2 deputy manager.**

VB: **I am!!!!!! It's u!!!!!!**

✉ A CUT ABOVE

R*MEO: **Mum, I want my hair cut just like Dad's.**

VB: **K, no problem!!!!! Take five hundred out of my purse and go to barber in room 30!!!!**

RB: **Thank Mum, u da best.**

HALF AN HOUR LATER

RB: **Mum, I want my hair cut just like Dad's.**

VB: **But u jst had it cut!!!!!**

RB: **I no, but Dad's just changed his.**

VB: **Ok!!!! Take anuvva five hundred outta my purse!!!!!**

RB: **Thanks Mum, u a brick.**

HALF AN HOUR LATER

RB: **Mum, I want my hair cut just like Dad's.**

✉ HAIR CARE

HAIRDRESSER: **Sory D cant mk 2day.**

DB: **R u jokin?**

H: **No dead serious.**

DB: **But we booked this slot in weeks ago.**

H: **I no but somethins come up.**

DB: **But u no I need 2 change hairstyle evry Friday.**

H: **Of cors I do. But we planned for these sort of occasions. That's why I gav u the emergency wig.**

DB: **It SO doesn't feel authentic.**

H: **How dare u? Its made from genuine k*vin k*egan hair.**

DB: **Wot year?**

H: **1973.**

DB: **Id have preferred 75.**

H: **No can do. Someone is wearing it.**

DB: **Who?**

H: **Anthea T*rner.**

Weddings

Weddings are very important to D*vid and Victo*ia B*ckham. They love going to weddings. They love leaving weddings. They love missing weddings.

Their own wedding was stupendously ornate. Texting was a vital tool in the planning and execution of their nuptials. There were thousands of staff to be contacted and round 'text robins' did the trick. The logistics were unbelievable. Ten gallons of whipped cream, an island of potato latkes and a wheat field of tabouleh were all needed. And that was just for the ceremony.

The quality of the dishes at the 'fully-catered' sit-down meal was of such a high standard that guests were only allowed to look at the food for fear of ruining any of the culinary masterworks.

✉ REST YOUR TUSHES

VB: **Do u hv any thrones 4 hire?!??!**

MAN: **No madam, we r a florist.**

VB: **Do u hv any thrones 4 hire???????!**

WOMAN: **No madam, we're a wine merchants.**

VB: **Do u hv any thrones 4 hire?!!!???**

MAN: **No madam, we're a mens' outfitters.**

VB: **Do u hv any thrones 4 hire???!!??**

QUEEN ELIZABETH THE SECOND: **Yeah – swap u them for that spangly green dress u wor on Parky.**

VB: **Dun!!!!!!**

✉ THE RING

DB: **Have u got the ring?**

G*RY N: **No, mobile's broken.**

DB: **Not phone ring u ******. Wedding ring. Have u got it?**

G*RY N: **Sorry m8. Just chipped it over 2 K*ano.**

DB: **Wot u do that 4?**

G*RY N: **Gi*gsy was closing me down.**

✉ I DO

VICAR: **Do u D*vid take V*ctoria to be ur lawfully wedded wife?**

DB: **I Do.**

VICAR: **And do u V*ctoria take D*vid to be ur lawfully wedded husband?**

VB: **Corrs!!!!!**

VICAR: **U cant just say cors. U need to say I do.**

VB: **Corrs I do!!!!!**

VICAR: **No u need to just say I do.**

VB: **Wot if I don't???!?**

VICAR: **I can't marry u.**

VB: **I don't wont 2 marry u!!!!!! I wont 2 marry David!!!!!**

✉ GUESTS

DB: **Look at all of them.**

VB: **Yeah!!!! They r all here 4 us!!!!!**

DB: **Every 1 of them.**

VB: **Except the 1's hoo r here 4 the free grub!!!!!**

DB: **& the 1's who wont ther photo in papers.**

VB: **& the 1's who wont 2 sell story to Hello mag!!!**

DB: **& the 1's who wont to steel vases.**

VB: **Hoo ds that leev???!!**

DB: **Me & you.**

VB: **Speak 4 yourself!!!! I'm here to film the vid 4 my next single!!!!**

✉ INVITING

VB: **Thanks 4 the wedding invite!!!!**

M*DONNA: **It's a pleasure. Will u b able 2 mk it?**

VB: **Woodnt mis it 4 the world!!!!**

M: **That's gr8.**

VB: **Wont 2 get u a present!!!! Somefin speshal!!!!**

M: **Got few things left on our weddin list.**

VB: **Like wot??!!**

M: **The 2 diamond chandeliers.**

VB: **How much r they????!!!!!**

M: **£17,000 each.**

VB: **Is there anything more expensive??!?!?!**

M: **The matching gold shoehorns?**

VB: **Sounds good!!!! How much???!!!**

M: **£50,000 for the set.**

VB: **Loose change!!!! Come on u must have something pricier???!!?!**

M: **The yacht is £2 mil. That good enuf?**

VB: **No!!!!!! We wont to go really large on this one!!!!!!!**

M: **Alright. The Lear jet comes in at £7 mil.**

VB: **Sounds gr8!!!!! Hang on a sec, just listening to a fone message with the chart placing for my new single!!!!!!**

NO TEXTING FOR 30 SECONDS

VB: **Wot's the cheapest thing on the list???!?!?!**

✉ TOP TABLE

ALE* FE*GUSON: **David. Y aren't I on the top table?**

DB: **Thought you'd prefer 2 b with the lads.**

ALE* FE*GUSON: **I repeat. Y aren't I on the top table?**

DB: **Sorry. There's been a mistake.**

ALE* FE*GUSON: **Glad to heer it. Now move someone off the top table. I'll be over in 30 seconds.**

DB: **Vee, can u do me a small favour?**

GLOSSARY

The B*ckham's own unique style of unique text messaging is uniquely unique to them. It is a private language that has evolved over many years and, to the uninitiated, can seem like a foreign tongue. Thanks to the efforts of linguists, though, we have been able to piece together the meanings behind their 'new' words and phrases, giving us a rare insight into their lives. It is a vastly complex area but in essence their communication method relies on two basic fundamentals; the telly they watch and spelling mistakes. So, if you want to be unique, just like them, this simple glossary will help you achieve your goals. Or as they might text each other, gowls.

Abowt – about

Acshully – actually

Agen – again

Annuva – another

Are – our

Aunt – aren't

Awder – order

Bares – bears

Bean – been

Bee – B

Beleeve – believe

Bort – bought

Browken – broken

By sexshul – bisexual

Carnt – can't

Cell – sell

Cheque – check

Corrs – course

Cort – caught

Cumin – coming

Dee – D

Dessison – decision

Dicshunary – dictionary

Downstares – downstairs

Dubble – double

Dun – done

Eeva – either

Ernd – earned

Eye Deer – idea

Fashun – fashion

Ferniture – furniture

Fone – phone

Frend/frends – friend/friends

Glarse – glass

Gopher it – go for it

Gr7 – great

Gr8 – great

Greight – great

Grownd – ground

Hed teech – head teacher

Here – hear

Hole – whole

Hoo/Hoos – who/who's

Howse – house

Hurd – heard

Icy – I see

Icy u – I see you

Ideer – idea

Interfear – interfere

Jeanius – genius

Kat Slater – Catch you later

Knew – new

Know – no

Landwich – language

Larst – last

Leev – leave

Luvly – lovely

Meens/Ment – means/meant

Mowning – moaning

Nee/neeling – knee/kneeling

New rotic – neurotic

Nufin – nothing

Ones – once

Oportunitys – opportunities

Own lee – only

Peepul – people

Qwikkie – quickie

Reddy – ready

Restrants – restaurants

Sed – said

Shore – sure

Speshal – special

Speshul – special

Steel – steal

Tat2 – tattoo

Teknicly – technically

There – their

They're – there

Thorts – thoughts

Togeffa – together

Tore – tour

Toy let – toilet

Troo – true

Tuff – tough

Unnerstan – understand

Vee – V

Weak – week

Weight – wait

Were ship – worship

Wether – weather

Wooden it – wouldn't it

Wont – want

Yot – yacht

*** – cum, poo

**** – shit, fuck, wank, arse, tits, bums, quim, cunt, toss, wank, twat, cock, turd

****-***** – quim-juice

***** – prick, spunk, semen, minge, wanks

****** – wanker, fucker, fucked

******* – fucking, fuckwit, cunting, wanking,

******** – bollocks, knockers, shitting, twatting